BEI GRIN MACHT SICH IHR WISSEN BEZAHLT

Bibliografische Information der Deutschen Nationalbibliothek:

Die Deutsche Bibliothek verzeichnet diese Publikation in der Deutschen National-
bibliografie; detaillierte bibliografische Daten sind im Internet über http://dnb.d-
nb.de/ abrufbar.

Impressum:

Copyright © 2016 GRIN Verlag, Open Publishing GmbH
Druck und Bindung: Books on Demand GmbH, Norderstedt Germany
ISBN: 9783668292840

Dieses Buch bei GRIN:

http://www.grin.com/de/e-book/339318/primaerpraevention-zur-vermeidung-von-
jugendkriminalitaet

Lea Schulz

Primärprävention zur Vermeidung von Jugendkriminalität

Was zeichnet Beispielmaßnahmen der Primärprävention maßgeblich aus?

GRIN Verlag

GRIN - Your knowledge has value

Der GRIN Verlag publiziert seit 1998 wissenschaftliche Arbeiten von Studenten, Hochschullehrern und anderen Akademikern als eBook und gedrucktes Buch. Die Verlagswebsite www.grin.com ist die ideale Plattform zur Veröffentlichung von Hausarbeiten, Abschlussarbeiten, wissenschaftlichen Aufsätzen, Dissertationen und Fachbüchern.

Besuchen Sie uns im Internet:

http://www.grin.com/

http://www.facebook.com/grincom

http://www.twitter.com/grin_com

Inhaltsverzeichnis

1. Einleitung

„Jugendgewalt in Essen [:] 14-Jähriger stundenlang von Gleichaltrigen misshandelt" (Kölner Stadt Anzeiger 2015: o. S.)

Immer häufiger wird in den Nachrichten über diese oder noch weitaus schlimmere Taten berichtet. Gewalt, besser Jugendgewalt ist allerdings ein Thema, dass nicht erst seit Kurzem besonderer Aufmerksamkeit bedarf. Dabei ist es unwichtig, ob Täter und Opfer gleich alt sind oder die Opfer bereits eine Familie haben oder Rentner sind. Die Tätergruppe solcher Delikte wird immer jünger, Kinder und Jugendliche immer aggressiver und gewalttätiger, die Straftaten brutaler und rücksichtsloser.

Gerade, weil es scheinbar immer häufiger zu Gewalttaten von immer jüngeren Kindern und Jugendlichen kommt, steht die Frage und auch Forderung nach präventiven Maßnahmen im Raum. Wie kann verhindert werden, dass Zorn, Wut oder auch Langeweile zu Straftaten von Jugendlichen führen? „Kinder sind unsere Zukunft, doch es gibt viele Kinder, die unter erschwerten Bedingungen ins Leben starten und häufig schon sehr früh als auffällig und als Risikokinder aus unserem System fallen." (Papilio 2014: 3)

So führten die oben genannten Gedanken zu folgender Fragestellung: Welche sind die maßgeblichen Merkmale primärpräventiver Maßnahmen zur Vermeidung von Jugendkriminalität?

Dafür gibt es verschiedene Arten der Prävention von Gewalt. Für diese Arbeit soll jedoch vordergründig die primäre Prävention mit ihren Merkmalen beleuchtet werden. Dafür werden verschiedene Begrifflichkeiten benötigt, die zu Beginn geklärt werden sollen.

Zunächst einmal ist es wichtig, den Begriff Prävention im Allgemeinen zu verstehen, um einen klaren Standpunkt für den weiteren Verlauf der Arbeit zu haben: Wie lässt sich Prävention definieren?

Inwieweit die Definition von allgemeiner Prävention, die auf viele Bereiche des Lebens anwendbar ist, auch im Bereich der Jugendkriminalität zutrifft, ob es Unterschiede gibt, oder sie einzig und allein nur weiter auf eine bestimmte Thematik gefasst wurde, wird anschließend geklärt werden. So kann eine schrittweise Annäherung an die Thematik stattfinden.

Damit der komplexe Arbeitsbereich der Prävention auch in der Praxis handhab- und anwendbar ist, wurde das 3 – Stufen – Modell zur Gewaltprävention entwickelt. Es untergliedert sich in die primäre, die sekundäre und die tertiäre Prävention, die ihrer Definition nach, die ebenso Teil dieser Arbeit ist, sowohl vor dem möglichen Auftreten einer Gewalthandlung als auch bei ersten Anzeichen und anschließend an eine bereits begangene Straftat ansetzen und somit zu jedem Zeitpunkt einsetzbar sind. Nach näherer Erläuterung dieses Modells sollen dann die in dieser Arbeit zu behandelnden primärpräventiven Aktionen und Handlungen im Fokus stehen. Eine Annäherung an eine Definition des Begriffs der Primärprävention von Gewalthandlungen soll Beispielen von primärpräventiv wirkenden Maßnahmen vorangehen, um auch hier einen recht klaren Stand als Ausgangspunkt zu haben. Dann kann vollkommen in die Betrachtung der Praxisbeispiele mit ihren jeweiligen primärpräventiven Merkmalen, auf die das Hauptaugenmerk gelegt werden soll, eingestiegen werden.

Es gibt eine Vielzahl von primärpräventiven Programmen, die sich in vielerlei Hinsicht ähneln. Um sich an der Chronologie der kindlichen Entwicklung zu orientieren, wurden folgende vier Beispielmaßnahmen ausgewählt, die sich der Primärprävention in verschiedenen Altersgruppen widmen. Die Ansätze der Programme Opstapje und HIPPY bilden eine primärpräventive Grundlage in frühster Kindheit und arbeiten mit Kindern und ihren Eltern zusammen (vgl. IMPULS Deutschland Stiftung e.V. 2016: o. S.). Für das Programm Papilio können sich dann Kindertagesstätten anmelden und anschließend primärpräventiv mit ihren Schützlingen arbeiten, denn *Papilio* wurde für Kinder von 3 bis 7 Jahren entwickelt. Es setzt also ebenfalls wie Opstapje und HIPPY im frühen Kindergartenalter an, um gar nicht erst Probleme mit Gewalt aufkommen zu lassen (vgl. Papilio 2014: o. S.). Wer als Unterstufenlehrer daran interessiert ist, dass es in Zukunft in den eigenen Klassen nicht zu gewalttätigen Auseinandersetzungen und großen Streitigkeiten kommt, kann sich dann für das Programm FAUSTLOS, das für Kinder im Grundschulalter geeignet ist, entscheiden und fortbilden lassen. Wie genau diese vier Programme funktionieren sollen und wie sie sich in der Praxis umsetzen lassen, wird im Abschnitt der Beispielmaßnahmen beleuchtet.

Zu guter Letzt soll das Fazit noch einmal zeigen und zusammenfassen, inwieweit primärpräventive Programme wirken und ob es unter Umständen auch Kritikpunkte an dieser Arbeitsweise zur Vorbeugung von Jugendgewalt gibt.

2. Begriffsbestimmung Prävention

2.1. Allgemeine Definition von Prävention

Um zunächst einmal zu verstehen, wovon wir sprechen, wenn es um Prävention geht, kann zu Beginn eine ganz allgemeine Definition herangezogen werden. Es gibt verschiedenste Versuche einer Definition von Prävention sowohl in der Fachliteratur als auch online. Viele dieser Definitionen beinhalten jedoch einen Bezug zum Gesundheitswesen und widersprechen sich so selbst, wenn sie doch eigentlich allgemein definieren wollen. So lässt sich zum Beispiel eine dieser Definitionen auf diese recht kurze Aussage herunterbrechen und gibt einen ersten Eindruck davon, was Prävention im allgemeinen Sinne meint:

„Prävention (lat. praevenire, svw. "zuvorkommen, vorbeugen, verhüten") bezeichnet generell Massnahmen [sic], durch die etwas Bedrohliches abgewehrt werden soll. Heute fallen unter Präventionsmassnahmen [sic] medizinische, psychologische und erzieherische Interventionen, Umweltkontrollen, gesetzgeberische Massnahmen [sic], Lobbying und massenmediale Kampagnen." (Berufsverband der Früherzieherinnen und Früherzieher der deutschen, rätoromanischen und italienischen Schweiz 2013: 1)

Diese Beschreibung bringt es mehr oder minder auf den Punkt und vermittelt dem Leser, dass es sich grundsätzlich um Abwendung von Unerwünschtem/ Bedrohlichem handelt. Was das Unerwünschte ist, hängt vom jeweiligen Fachbereich ab („z. B. in Bezug auf eine Krankheit oder zur Verbrechensbekämpfung" (DUDEN 2016: o. S.)) und lässt sich dann passend zur Thematik ausbauen, um dem Leser ein genaueres Bild zu geben, wie die Prävention dort aussieht und arbeitet.

Eine etwas mehr auf den Gesundheitsbegriff angelehnte Definition lässt sich beim Bundesgesundheitsministerium finden und unterteilt die Begrifflichkeit in Unterscheidungsmöglichkeiten der Prävention:

„Prävention ist im Gesundheitswesen ein Oberbegriff für zielgerichtete Maßnahmen und Aktivitäten, um Krankheiten oder gesundheitliche Schädigungen zu vermeiden, das Risiko der Erkrankung zu verringern oder ihr Auftreten zu verzögern. Präventive Maßnahmen lassen sich nach dem Zeitpunkt, zu dem sie eingesetzt werden, der primären, der sekundären oder der tertiären Prävention zuordnen. Des Weiteren lassen sich präventive Maßnahmen im Hinblick darauf unterscheiden, ob sie am

3

individuellen Verhalten (Verhaltensprävention) oder an den Lebensverhältnissen ansetzen (Verhältnisprävention)." (Bundesministerium für Gesundheit 2016: o. S.)

Die zwei zuvor genannten Begriffserklärungen zeigen gut, wie sehr der Begriff der Prävention in unserem Alltag an den Gesundheitsbegriff gebunden scheint und sich davon schlecht lösen lässt. Dennoch geben sie beide einen Überblick über den Inhalt und machen es als grundlegenden Begriff fassbar und verständlich.

2.2. Der Präventionsbegriff im Bereich der Jugendkriminalität

Der genauere Blick auf Prävention im Rahmen von Jugendkriminalität und ihre Vorbeugung bringt uns weiter auf dem Weg hin zu primärpräventiven Maßnahmen. Häufig werden in der öffentlichen Diskussion die Begriffe Gewalt oder auch Jugendgewalt verwendet, ohne dass sie dabei eindeutig bestimmt sind; weder auf nationaler noch auf internationaler Ebene gibt es eine einheitliche Definition der beiden Begriffe (vgl. Wolter 2014: 6f.).

Da das Ziel dieser präventiven Maßnahmen eine Vorbeugung speziell von Jugendgewalt sein soll, sollte auch der Begriff Jugend klar bestimmt werden. So ist das Jugendalter eine Art Übergangsstadium zwischen Kindheit und Erwachsenenalter, gekennzeichnet durch körperliche Reifung und dadurch entstandene Aufgaben der Entwicklung (vgl. Petermann & Petermann 2007: 20). Solche Aufgaben können z. B. die Ablösung vom Elternhaus, der Aufbau von intimen bzw. persönlichen Beziehungen zu anderen Gleichaltrigen und der Erwerb von Qualifikationen schulischer und beruflicher Natur sein (vgl. Giesen, H. 2002: 507).

Der Begriff der Gewalt selbst, der in Verbindung mit Jugendgewalt auch durchaus wichtig erscheint, kann sich in drei verschiedenen Bereichen definieren lassen. Sowohl im allgemeinen Sinne, als auch in der Soziologie und der Politik. In der Politik beschränkt sich allerdings die Begrifflichkeit einzig und allein auf die Staatsgewalt, was für diese Arbeit in der Betrachtung nicht zielführend ist.

Allgemein lässt der Begriff Gewalt anhand des Politiklexikons recht knapp definieren. Gewalt „bezeichnet den Einsatz von physischem oder psychischem Zwang gegenüber Menschen sowie die physische Einwirkung auf Tiere oder Sachen." (Schubert & Klein 2016: o. S.). Das bedeutet jedoch, dass aus dieser Begriffserklärung nicht der Schluss gezogen werden kann, ab welchem Grad des Zwanges gegenüber einem Menschen bzw. ab welchem Grad der

Einwirkung auf ein Tier oder eine andere Sache von Gewalteinwirkung gesprochen werden kann.

Wenn Gewalt soziologisch betrachtet wird, ist die Definition schon etwas greifbarer und klarer in ihrer Wortwahl.

> Gewalt „bedeutet den Einsatz physischer oder psychischer Mittel, um einer anderen Person gegen ihren Willen a) Schaden zuzufügen, b) sie dem eigenen Willen zu unterwerfen (sie zu beherrschen) oder c) der solchermaßen ausgeübten G. durch Gegen-G. zu begegnen." (Schubert & Klein 2016: o. S.).

Bei dieser Begrifflichkeit aus dem soziologischen Kontext lässt sich schließen, dass ab dem Punkt von Gewalt zu sprechen ist, ab dem eine Handlung gegen den Willen einer anderen Person geschieht und dabei entweder Schaden zugefügt oder etwas abverlangt wird. Auch eine Reaktion auf eine Gewalthandlung steht somit unter der Definition von Gewalt. Für eine Prävention, die nun genau in diesem Feld ansetzen will, gibt es aber „keineswegs eine feste Definition des Gewaltpräventionsbegriffes, fast jede Arbeit und jedes Projekt hat eine eigene Definition." (Strauß 2012: 55).

Eine Möglichkeit, wie sich der Präventionsbegriff im Bereich der Gewalt und somit auch im Bereich der Jugendkriminalität (die von Gewalt geprägt ist) formulieren lässt, wird von Günther Schatz im SGB VIII Online Handbuch zur Verfügung gestellt.

> *„Gewaltprävention* [Hervorheb. d. Verf.] bezeichnet nach unseren Vorstellungen alle institutionellen, personellen, verhaltens- und verhältnisorientierten Maßnahmen, die der Entstehung von Gewalt vorbeugen bzw. diese reduzieren. Diese Maßnahmen zielen ab auf die Person selbst, auf die Lebenswelt dieser Adressaten wie auch auf den Kontext der sie tangierenden sozialen Systeme." (SGB VIII Online Handbuch 2002: o. S.).

Für die Soziale Arbeit wird diese Definition wertvoll, da sie erstmals auch darstellt, dass nicht allein der durch Gewalt oder andere Straftaten aufgefallene Jugendliche im Fokus stehen soll. Auch auf Bestandteile ihrer Lebenswelten, das heißt Familie, Freunde, Bekannte und auch mögliche Mittäter aus dem gewalttätigen Kontext müssen mit einbezogen werden und an präventiven Maßnahmen teilhaben dürfen / müssen, um dem Veränderungsprozess eine Chance geben zu können.

2.3. Das 3- Stufen- Modell der Prävention von Jugendgewalt

Die unter 2.1. genannte Unterteilungsmöglichkeit der Prävention von Gewalt soll nun näher beleuchtet werden, um weiter mit großen Schritten auf die primärpräventiven Möglichkeiten der Gewaltvorbeugung zugehen zu können.

„Als sich die Suchtprävention in den 70er-Jahren zu institutionalisieren begann, brauchte man Begriffe, mit denen man das präventive Handeln beschreiben und klassifizieren konnte. Fündig wurde man vornehmlich in der Medizin, woher auch die Begriffskette ‚Primär-, Sekundär- und Tertiärprävention' stammt. Eingeführt wurde sie durch den Psychiater Caplan [vii] (sic), der damit vorbeugende Massnahmen (sic) in Bezug auf psychische Krankheiten hinsichtlich des Interventionszeitpunktes ordnete." (SuchtMagazin 2002: 34-42)

Ist die Rede von primärpräventiven Maßnahmen, wie es in dieser Arbeit der Fall ist, so meint man damit alle Handlungen, die vor dem Auftreten von Gewalthandlungen ansetzen. Sie wollen gute Voraussetzungen schaffen, sodass Verhaltensweisen und Einstellungen gar nicht erst Gewaltformen annehmen. Sie sollen somit die Indizienrate senken und neue Fälle von Gewalt im Vorfeld verhindern. (vgl. VGB o. J.: o. S.)

Spricht man hingegen von sekundärer Prävention, ist eine Früherkennung von bestehenden Problemlagen und eine angemessenen Intervention (setzt im Gegensatz zur primären Prävention einen bestehenden Konflikt voraus) gemeint. In der jeweiligen aktuellen Konflikt- oder auch Gewaltsituation soll vorrangig an einer Einstellungs- und Verhaltensänderung gearbeitet werden, um bildlich gesprochen, dem Konflikt den Wind aus den Segeln zu nehmen. (vgl. ebd.)

Wenn die bestehenden Konflikte bereits eskalieren, in Gewalt münden bzw. gemündet sind, setzt die tertiäre Prävention an und will Folgeschäden abmildern. Sie hat zur Aufgabe einen Rückfall zu verhindern, vorhandene Konflikte zu regeln und bei Gewalt eine Nachbearbeitung durchzuführen. Diese kann z. B. durch therapeutische Maßnahmen oder eine Rehabilitation stattfinden. Diese Angebote sind ebenfalls intervenierende Maßnahmen. (vgl. ebd.) Auch wenn sich das Arbeitsfeld in einem Bereich befindet, indem nur noch interveniert werden kann und somit die Anzahl der Folgeschäden klein gehalten werden kann, ist es sinnvoll, mit gefährdeten Gruppen wie psychosozial schwachen Familien und in Brennpunkten von Beginn an zu arbeiten. Das heißt generationsübergreifend auch, mit den

Kleinsten der Familien zu arbeiten, sich mit ihnen zu beschäftigen, sie so gut wie nur möglich auf die Zukunft vorzubereiten, damit auf sie nicht der Strudel der Gewaltkarriere wartet.

Zur Primärprävention zählen bereits Maßnahmen ab dem unvollendetem ersten Lebensjahr (siehe Opstapje Baby). Wer sich nun die Frage stellt, inwieweit man bei Kindern im Alter von 6 Monaten Gewaltprävention betreiben kann, dem kann Folgendes nach Wahl und Hees dargelegt werden. Vernachlässigung und Gewalt werden oft in psychosozial hoch belasteten Familien über Generationen hinweg weitergegeben. Das Beziehungsverhalten wiederholt sich immer wieder, Kinder übernehmen, was das betrifft, die Gewohnheiten ihrer Eltern.

Leider sind genau diese Familien sehr schwer für Unterstützung und Prävention erreichbar, dennoch gibt es für sie zugeschnittene Programme. Da die Eltern oder andere Sorgeberechtigte meist nicht rechtzeitig aufgrund von fehlendem Reflexions- und Wahrnehmungsvermögen erkennen können, dass ihre Kinder von Gewalt bedroht sind und ein Hilfebedarf besteht, können diese Programme schwer greifen. Zudem haben Familien mit diesen Schwierigkeiten häufig auch ein gespaltenes Gefühl gegenüber staatlichen Einrichtungen wie Jugendämtern, haben Angst vor Kontrolle und Misstrauen (vgl. Wahl/ Hees 2009: 124). Ziel sollte es jedoch eher sein, genau diese Angst abzubauen und Eltern für das zu motivieren und zu schulen, was ihren Kindern in ihrer Entwicklung helfen kann und das Zusammenleben in der Familie erleichtern kann.

Trotz dieser Hürden in der Präventionsarbeit mit diesen Familien gibt es viele, die diese Art von Programmen kennen und gern Teilnehmer dort sind.

Vier dieser Programme soll nun im Einzelnen vorgestellt werden und zeigen, wie Primärprävention bereits ab den ersten Lebensjahren einwirkt und indirekt so einer späteren Gewaltkarriere vorbeugt.

3. Beispielmaßnahmen zur Vermeidung von Jugendkriminalität

3.1. Opstapje – Schritt für Schritt

Als Erste von vier Maßnahmen, die beispielhaft für die Vielzahl anderer Präventivprogramme aus dem primärpräventiven Bereich stehen, soll Opstapje – Schritt für Schritt den Anfang machen. Dem Opstapje Baby – Programm (für Kinder von 6-18 Monate) (vgl. IMPULS Deutschland Stiftung e. V. 2016: o. S.) folgend, soll es das erste näher erläuterte Programm für diese Arbeit sein.

Opstapje, das so viel heißt wie „Stufe" oder auch „Schritt", das auch dem Titel entnehmbar ist, ist ein Programm, das eigentlich aus den Niederlanden stammt und für die Anwendung in Deutschland an unsere Lebensbedingungen angepasst wurde. (vgl. Wahl/ Hees 2009: 125). Es wurde von einer holländischen Stiftung für Einwanderer in den Niederlanden entwickelt und sollte vornehmlich bildungsferne Familien ansprechen und ihnen eine Alternative zum Krippenbesuch ihres Kindes anbieten. (vgl. Rasche 2013: 2). Als ein Programm für Familien mit Kleinkindern, die durch Trennung, Scheidung, Arbeitslosigkeit, Armut, ein niedriges Bildungsniveau oder auch einen Migrationshintergrund Schwierigkeiten im Alltag haben und dadurch besonders belastet sind, verspricht Opstapje eine Lösung. (vgl. Wahl/ Hees 2009: 125). Damit diese Familien nicht durch die bereits genannten Faktoren hoch emotional, hoch belastet und dann gewalttätig werden, bzw. die Kinder der Familien, weil an sie richtet Opstapje sich vorrangig, deshalb soll hier primärpräventiv vorgesorgt werden. Und die Erfahrungen haben gezeigt, dass sozial eher schwache Familien und Migrantenfamilien am stärksten von dieser Art Angebot profitieren und so mehr erreicht werden kann, als durch klassische Familienbildungsangebote. (vgl. Rasche 2013: 2).

Da in Familien mit einer besonderen Belastung Unterstützung besonders wichtig ist, macht Opstapje folgendes: Das Programm folgt der Ansicht, dass die Eltern die „motiviertesten Lehrer ihrer Kinder" (Rasche 2013: 2) sind, nur dass die Eltern selbst durchaus auch Anleitung brauchen, um ihre Kinder richtig fördern zu können. Sozialpädagogische Fachkräfte schulen regelmäßig die Betreuerinnen, die aus ähnlichem Milieu wie die betreuten Familien kommen, und unterstützen sie, um sie so gut wie möglich vorbereitet in die Arbeit bei den Familien schicken zu können. Die Betreuerinnen gehen dann einmal die Woche oder alle zwei Wochen in die Familien uns zeigen den Eltern, wie sie ihre Kinder am besten fördern können. (vgl. Rasche 2013: 1, Wahl / Hees 2009: 125). Das Programm selbst folgt diesen Kurzdaten: Die Laufzeit des Programms beträgt 18 Monate (vom 18. Lebensmonat bis zum 3. Lebensjahr), während dieser Zeit gibt es Termine für die Familien: 45 Hausbesuche und 30 Elterntreffen und zu den Hausbesuchen bringt die semi-professionelle Hausbesucherin Material für die Familien mit, welche zuvor für das Programm genau ausgewählt wurden (12 Bücher, 98 Spielanregungen, 28 Spielmaterialien) (vgl. IMPULS Deutschland Stiftung e. V. 2016: o. S.).

Wie so ein Treffen zu Hause aussehen kann, zeigt der Artikel von Uta Rasche gut.

„Heute hat Melanie Kießhauer einen Beutel voller Tiere aus hellem Holz mitgebracht: eine Katze, ein Schaf, ein Schwein, ein Hund, ein Pferd, ein Hahn. Ela stürmt auf sie zu und will den Beutel gleich ausschütten. Melanie Kießhauer bremst sie. Sie setzt sich mit ihr auf den Boden, zeigt Ela die Tiere nacheinander, benennt diese und macht deren Geräusche vor. Elas Mutter bekommt ein DIN-A4-Blatt aus festem Papier, auf dem die Namen der Tiere auf Deutsch stehen. Ihre Aufgabe für die kommende Woche ist: Sie soll jeden Tag zehn Minuten mit Ela mit den Tieren spielen und die Wörter üben, am besten in ganzen Sätzen." (Rasche 2013: 1).

Obwohl es beinahe zu simpel klingt, Eltern zu zeigen, wie sie am besten mit ihren Kindern spielen können, ist doch genau das das Wichtige und das Konzept von Opstapje. Hier setzt die primäre Prävention ein: Die Mütter lernen, wie sie mehr mit ihren Kindern reden, am besten alles, was sie tun, sprachlich begleiten und die Kinder anregen, selbst aktiv zu werden. Die Anregungen, die die Mütter und Väter bekommen, geben den Kindern die Chance, z. B. ihre kognitiven und sprachlichen Fähigkeiten zu verbessern. (vgl. Rasche 2013: 1).

Dass u. a. bestimmte Kompetenzen der Kinder wie die emotionale Regulation durch die Teilnahme an dem Programm verbessert wurden, zeigen Evaluationsstudien von Opstapje (vgl. Sann / Thrum 2005: o. S.). Und auch das Deutsche Jugendinstitut erfasste 2005, dass Kinder, die in ihrer Motorik und Kognition entwicklungsverzögert waren, ihren Rückstand meist in der 18 monatigen Dauer dieses Programms aufholen konnten. (vgl. Rasche 2013: 1).

Die in der Evaluationsstudie beschriebene Regulation der Emotionen spielt bei Frustration und Aggression von Kindern zusammen mit dem Erziehungsverhalten und den Reaktionen der Eltern eine gewichtige Rolle. Dadurch, dass die Kinder bessere kognitive Fähigkeiten erlangen können und durch ein entspanntes angeleitetes Spielen lernen während des Programms vor allem ihre Emotionen regulieren lernen, werden sie ausgeglichener und können dann im Alltag mit ihren verschieden Gefühlen wie z. B. Wut (wenn etwas nicht so läuft wie gewollt), Angst (wenn die Mutter vielleicht nicht in der Nähe ist), oder Ärger (wenn in Kindergarten/ Schule etwas vorgefallen ist) besser oder gut umgehen, ohne dass das die Situation bestimmende Gefühl in Aggression umschlägt. Oft kommt es nämlich schon in den ersten Lebensjahren zu einer aus negativen, nicht aushaltbaren Emotionen resultierenden Frustration, die in Aggression umschlagen kann. Ein kleiner Teil von Kindern verhält sich schon ganz früh sehr aggressiv und impulsiv, auch wenn nur kleine Dinge die Auslöser zu sein scheinen. Wenn sie sich mit ihren Gefühlen von ihren Eltern dann nicht ernst genommen fühlen, kann es in Frustration und Aggression umschlagen. (vgl. Wahl / Hees 2009: 93). Genau diese Regulation bei den Kindern zu erreichen und zudem die Eltern zu sensibilisieren, was ihre Kinder brauchen, ist der primärpräventive Gedanke und das Ziel von Opstapje.

3.2. HIPPY – Frühe Förderung in der Familie

Das Programm HIPPY, das ebenfalls hier in Deutschland von der IMPULS Deutschland Stiftung e. V. gefördert, vertreten und angeboten wird ,ist auch eine Variante der Primärprävention von Gewalt und Aggression und schließt nahezu an Opstapje an. Bei Opstapje können Eltern mit ihren Kindern von 1 ½ bis 3 Jahren teilnehmen, HIPPY startet mit dem 4. vollendeten Lebensjahr und läuft dann bis zum Eintritt in die Grundschule mit spätestens 7 Jahren. Der Programmbegriff HIPPY ist eine Abkürzung und bedeutet *Home Interaction for Parents and Preschool Youngsters* (vgl. IMPULS Deutschland Stiftung e. V. 2016: 4) (sinngemäß: Hausbesuchsprogramm für Eltern mit Vorschulkindern). Es „ist ein kitaergänzendes Familienbildungsprogramm, mit dem Ziel der frühen Förderung" (HIPPY Deutschland e.V. 2006: 3) und ist vorrangig für sozial benachteiligte Familien gedacht. Es ist bei der Integrationsförderung sehr hilfreich und wird international angewendet. Anders als Opstapje wurde es nicht in den Niederlanden, sondern bereits 1969 in Jerusalem für dortige bildungsferne Einwandererfamilien als ein Forschungsprojekt entwickelt.

Das primärpräventive Programm HIPPY hat sich die Unterstützung, Bildung und Stärkung von Eltern und ihren Kindern im Vorschulalter zum Auftrag gemacht und bezeichnet sich als Hilfe zur Selbsthilfe. Auch wie bei Opstapje werden die teilnehmenden Familien so durch niedrigschwellige Hausbesuche (vgl. ebd.: 13) unterstützt, wenn sie sich für dieses Programm anmelden (vgl. ebd.: 7). Eine weitere Parallele zu Opstapje ist, dass auch hier die Eltern die Hauptakteure sind, denn sie werden auch hier „als wichtigste Lehrer von Kindern im Vorschulalter" (ebd.: 8) gesehen und sollen sich selbst in dieser Rolle „kompetent und selbstbewusst" (ebd.) wahrnehmen. HIPPY will benachteiligte Eltern dabei unterstützen, ihre Kinder selbst, zusätzlich zur Kita, in ihrer persönlichen Entwicklung und die kognitiven Fähigkeiten zu fördern, um ihnen so einen möglichst guten Start in die Schullaufbahn gewähren zu können (vgl. ebd.).

Bei HIPPY gibt es, ähnlich zum zuvor vorgestellten Opstapje, feste Programmbestandteile, die für alle Familien festgelegt und Pflicht sind. Ein zweijähriges Programm gehört dazu inklusive Spielmaterialien und Lernmaterialien (z. B. Bücher zum Vorlesen), regelmäßige Hausbesuche, die sich oft mit den Gruppentreffen, die hilfreich für den Austausch untereinander sind, im Zwei-Wochen-Takt abwechseln. Zudem sind die Hausbesucherinnen auch wie bei Opstapje Laien aus der Zielgruppe, die zuvor geschult und auf die Hausbesuche vorbereitet wurden und regelmäßig weiter geschult werden. Eine Pädagogin koordiniert diese Schulungen und den Austausch untereinander und der Eltern untereinander z. B. bei den Gruppentreffen. Besonders ist an HIPPY, dass großen Wert auf das Rollenspiel, was ebenfalls fester Bestandteil des Programms ist, als Lernmethode gelegt wird (vgl. HIPPY Deutschland e. V. 2006: 10). Die Inhalte des Lehrplans von HIPPY sind Förderziele, die sich trotz der Hauptakteure Eltern auf die Fähigkeiten der Kinder beziehen. Gefördert werden sollen zum Einen die sprachlichen Fertigkeiten wie das Zuhören, Fragen und Antworten, was den Kindern später auch dabei hilft, Beziehungen aufbauen und halten zu können, also auch in der sozialen Interaktion von Bedeutung sein kann. Auch für den Eintritt in die Schule wichtig sind das logische Denken und mathematische Grundbegriffe sowieso die Wahrnehmung, die auf akustischer, visueller taktiler und räumlicher Ebene geschult werden und die Feinmotorik und Augen- Handkoordination. Außerdem stehen die Sicherheit mit Stift und Schere auf dem Plan (hier lässt sich die Ergänzung der Kita gut erkennen) und ein Zugang zu naturwissenschaftlichen Themen soll angeboten werden (vgl. ebd.: 12).

Alle beschriebenen Förderziele und Angebote von HIPPY zielen, ebenso wie Opstapje, indirekt auf eine Gewaltfreiheit in den Familien selbst und der Zukunft der Kinder, indem sie mögliche Ursachen für spätere Aggressionen und Gewaltkarrieren vorbeugen: So wird der Lernort Familie gestärkt um „die Bildungschancen der Kinder zu verbessern" (ebd.: 21), d.h. die Kinder fühlen sich später in der Schule nicht dauerhaft benachteiligt, können unter Umständen gut mit dem „Lernstrom" mitschwimmen und es kommt nicht jeden Tag zu großen Frustrationen beim Lernen und Hausaufgaben bewältigen. Außerdem werden die „Eltern in ihrer Erziehungskompetenz" (ebd.: 21) gestärkt. Dadurch kann Auseinandersetzungen und Eskalationen von Alltagsschwierigkeiten in der Familie vorbeugt und das Familienleben entspannter gemacht werden. Wie in 2.3. bereits erwähnt, entsteht ein falscher Umgang mit negativen Emotionen und überwältigend scheinenden Problemen bereits im familiären Kontext oder werden unbewusst weiter gegeben. Damit dies nicht stattfindet oder in einem geringeren Maße, wollen diese Programme mit schulendem Charakter für Eltern und ihre Kinder vorsorgen und Wissen vermitteln, wie solch gearteten Krisen vermieden werden können.

3.3. Papilio – Ein Programm zur Vorbeugung von Sucht und Gewalt

„Sucht und Gewalt sind Probleme mitten in unserer Gesellschaft: an der Straßenecke, auf dem Schulhof, in Familien. Sie sind kein Einzelphänomen und kein spontaner Ausbruch- sie sind Ausdruck einer fehlgeleiteten Entwicklung." (Papilio 2014: 2). Dagegen soll Papilio helfen. „Papilio ist ein Kindergartenprogramm. Dort sind Sucht und Gewalt noch kein Thema, aber in dem Alter lernen Kinder die entscheidenden Verhaltensweisen, die sie später stark und selbstbewusst machen." (ebd.)

Papilio (lat.: Schmetterling) (vgl. Papilio 2014: 3) hat es sich als ein Programm ausschließlich für den Kindergarten auferlegt, anders als die zwei vorhergehenden Programme, nicht indirekt Ursachen von Gewalt vorzubeugen, sondern direkt Themen die mit Sucht- und Gewaltentstehung in Verbindung stehen, zu thematisieren. Es will alle Kinder so stärken, dass sie später nicht süchtig oder gewalttätig werden, sondern ihr Leben ganz nach ihren Wünschen gestalten können und selbstbewusst durch es hindurch kommen. Die Entwickler des Programms vertreten die Ansicht, dass Prävention alltagstauglich sein muss und haben deshalb ganz bewusst etwas für die Kita konstruiert.

Ziel ist es, die Kinder in ihrer sozial-emotionalen Kompetenz zu fördern und erste Verhaltensauffälligkeiten zu reduzieren.

Papilio arbeitet mit drei spielerischen Maßnahmen, die in den Kita-Alltag eingebaut werden. Beim Spielzeug-macht-Ferien-Tag geht es darum, dass die Kinder kreativ sein sollen, was ihre Freispielbeschäftigung angeht. Das sonstige Spielzeug in seiner Funktion soll nicht genutzt werden. Stattdessen soll die Kreativität, das Miteinander, die Selbstwahrnehmung und die Selbsterfahrung gefördert und unterstützt werden. Dieser Tag findet einmal in jeder Kita-Woche statt. Der wohl charakteristischste Part von Papilio wird von Paula und den Kistenkobolden übernommen. Diese Maßnahme wurde gemeinsam mit der Augsburger Puppenkiste erarbeitet. „Grundlage ist die faszinierende Geschichte um die vier Kobolde Heulibold, Zornibold, Bibberbold und Freudibold, die nicht so recht wissen, was mit ihnen los ist. Mit Hilfe von Paula lernen Kinder ihre Gefühle kennen - und genau das ist auch das Ziel der Maßnahme im Kindergarten. Mit den Kistenkobolden erwerben die Kinder emotionale

Kompetenzen: Sie lernen den Umgang mit den eigenen Gefühlen und den Gefühlen anderer." (Papilio 2014: o. S.).

Die dritte Maßnahme nennt sich Meins-deinsdeins-unser-Spiel. Dahinter steckt ein Spiel, mit dem es Spaß macht, Regeln zu lernen. Bei allem, was mit den Kindern gemacht wird, sind die Eltern aber nicht außen vor: sie werden bewusst über alle Inhalte informiert und einbezogen, zudem gibt es extra Papilio-Elternabende und den Papilio-ElternClub, die den Austausch und der Information dienen sollen (vgl. Papilio 2014: 4).

Im Fokus der Arbeit mit den Kindern steht die entwicklungsorientierte Präventionstheorie, auf die hier nicht weiter eingegangen werden soll. Schwerpunkt ist hier das Wissen darüber, dass eine Sucht und auch Gewalt nicht sofort entstehen, sondern das Ergebnis von einer Entstehungskette sind. Diese Kette soll mit Papilio an einem früheren Punkt der Entwicklung gebrochen werden (vgl. Papilio 2014: 6) und „so eine Entwicklung von Sucht und Gewalt höchst unwahrscheinlich werden" (ebd.) lassen. Mit den drei bereits erwähnten Maßnahmen setzt Papilio an drei Punkten an: Zunächst sollen die Risikofaktoren verhindert bzw. reduziert werden: Es geht hierbei z. B. um Aggression nach einer Ablehnung von Gleichaltrigen oder um das Verhalten von sehr temperamentvollen Kindern. Gleichzeitig sollen in Punkt 2 die Schutzfaktoren bzw. die Resilienz der Kinder gefördert werden, d.h. sozial-emotionale Schutzfaktoren wie z. B. Mitgefühl oder Konfliktfähigkeit können weiter ausgebaut und gefördert werden. Eine gute Resilienz, also die Fähigkeit sich trotz widriger Lebensumstände gut zu entwickeln zeigt sich z. B. bei den Kindern durch positives Sozialverhalten oder Selbstwertgefühl und kann ressourcenorientiert genutzt werden. Zuletzt muss zudem auch die altersgemäße Entwicklung beachtet werden – das ist der dritte konkrete Punkt von Papilio. Kinder in der Vorschulgruppe sollten dazu in der Lage sein, Gefühle bei anderen und sich selbst wahrzunehmen und zu erkennen, eigene Gefühle regulieren zu können und auch soziale Regeln einer Gruppe zu kennen und dementsprechend einzuhalten (vgl. Papilio 2014: 6 f.).

Die Ergebnisse, die Papilio selbst veröffentlicht hat, zeigen, dass Kinder mit Papilio ihr Sozialverhalten verbesserten und zwar deutlicher als vergleichbare Gleichaltrige und ihre Verhaltensauffälligkeiten sichtbar weniger geworden sind und sie so in der Schule besser lernen konnten. Zudem werden „Kinder mit geringen Deutschkenntnissen [...] durch Papilio in die Gruppe integriert." (Papilio o. J.: 3). „Notwendig wären [allerdings] verbesserte Rahmenbedingungen und Strukturen aufseiten der Politik und Kita-Träger, um den

13

Erzieherinnen die Teilnahme an der Fortbildung und Umsetzung der Maßnahmen zu erleichtern." (ebd.: 4).

3.4. Das FAUSTLOS Curriculum

Basierend auf dem amerikanischen Ansatz Second Step hat Manfred Cierpka im Jahr 2001 das vierte hier vorzustellende Programm im Bereich der Primärprävention von Jugendgewalt entwickelt (vgl. Cierpka 2005: 238). FAUSTLOS. Es knüpft, entwicklungstechnisch betrachtet, gut an die zuvor vorgestellte primäre Prävention an, die zunächst in der frühen Kindheit mit Opstapje und HIPPY startete und im Bereich der Kita von Papilio abgedeckt wurde. Es gibt das Programm allerdings auch für den Kindergarten, hier soll aber das Programm FAUSTLOS für die Anwendung ab der 1. Klasse bis zur 3. Klasse im Fokus stehen. Die Originalmaterialien des verwendeten Ansatzes Second Step wurde in einem Übersetzungsprozess an den deutschsprachigen Raum angepasst, weiterentwickelt und evaluiert. Das Curriculum FAUSTLOS besteht konkret aus insgesamt 51 Lektionen, die in die normalen Unterrichtsstunden eingebaut werden können und sich auf drei Einheiten aufteilen: Empathieförderung, Impulskontrolle und Umgang mit Ärger und Wut. Der erste Baustein - die Empathieförderung - bildet eine wichtige Grundlage für den Verlauf des Programms, da Empathie der entscheidende Gegenspieler zu aggressivem Verhalten ist und eine besondere Rolle hat, wenn es um den Erwerb von prosozialem Verhalten geht. Das Ziel in dieser ersten Einheit ist, dass die Kinder zum einen lernen, bei anderen Menschen die emotionale Situation richtig zu erkennen und zum anderen dann passend auf diese zu reagieren und die Perspektive des Anderen übernehmen zu können. Die zweite Einheit befasst sich mit der Kontrolle des impulsiven Verhaltens der Schüler, denn oftmals sind impulsive Handlungen von Kindern nicht negativ oder böse gemeint, lösen aber mit dem jeweiligen Gegenüber Konflikte aus, die auch mit aggressivem Verhalten einhergehen können, in Gewalt münden können (vgl. Cierpka 2005: 238f.). Um die möglicherweise fehlenden Verhaltenskompetenzen der Kinder und die „Defizite in der sozialen Informationsverarbeitung" (Cierpka 2005: 239) abzuschwächen, die diese Konfliktsituationen hervorrufen können, arbeitet FAUSTLOS mit zwei ineinander greifenden Maßnahmen: der Übung von sozialen Verhaltensweisen und dem Problemlöseverfahren. Des Weiteren bedient sich FAUSTLOS der Methode des Brainstormings und dem Ansatz des lauten Denkens, die den Schülern ermöglichen sollen, mittels „verbaler Selbstinstruktionen" (Cierpka 2005: 239) und dem „Dialog mit sich selbst" (ebd.) die kognitiven Fähigkeiten zu festigen, die es für die Problemlösung braucht. Mit jeder Wiederholung dieser Übungen gehen diese Handlungs- und Denkweisen dann mehr und mehr in das Repertoire der Kinder über und können in Konfliktsituation abgerufen und angewendet werden. Diesen Lernprozess unterstützen regelmäßige Rollenspiellektionen, die es später ermöglichen, sich in sozialen Situationen „angemessen und erfolgreich zu verhalten" (Cierpka 2005: 239). Der Vorteil an den Übungen im Rollenspiel ist der geschützte Raum, in dem dies stattfindet. Die Kinder können im Klassenverband ausprobieren und lernen, bevor reale Konflikte entstehen. Zudem macht es das Programm auch sehr praxisorientiert und passt es gut an den Unterrichtsbetrieb an (vgl. Cierpka 2005: 240).

Der dritte Themenblock von FAUSTLOS beschäftigt sich mit dem Umgang von Ärger und Wut – hier „werden Techniken zur Stressreduktion vermittelt, um mit Gefühlen von Ärger und Wut konstruktiv umgehen zu lernen." (Cierpka 2005: 240). Die Maßnahmen sollen jedoch nicht alle negativen Gefühle aberziehen, vielmehr sollen die Schüler ein daraufhin schädigendes oder unsoziales Verhalten ändern und einen anderen Umgang mit diesen Gefühlen erlernen. Denn das anschließend gezeigte „destruktive aggressive Verhalten" (ebd.) ist das Problem. Als Methode dienen in dieser Einheit Komponenten von Entspannungstechniken zusammen mit den eben erwähnten „Strategien der Selbstinstruktion und des Problemlösens" (ebd.).

Auch bei FAUSTLOS werden in diesem Fall Lehrer statt Erzieher zuvor in einem eintägigen Seminar geschult. Die Fortbildung wird vom Heidelberger Präventionszentrum durchgeführt. Im Material zu den Lektionen befindet sich für die Lehrkräfte alles, was sie zur Durchführung benötigen: ein Handbuch, verschiedene Bildmaterialien und ein Anweisungsheft, wie die Lektionen jeweils durchgeführt werden sollen und von Mal zu Mal komplexer werden.

Zunächst hat man mit FAUSTLOS, wie man vermuten würde, einen zeitlichen Mehraufwand, welcher sich aber im Laufe der Arbeit während der Unterrichtsstunden relativiert. Die Kinder sind dann immer mehr dazu in der Lage, ihre Konflikte oder zwischenmenschlichen Probleme untereinander zu lösen und nicht mehr auf die Schlichtung durch die Lehrkraft angewiesen. Das spart wiederum anschließend im Unterricht Zeit, die sonst für genau diese Schlichtungen in Anspruch genommen würde (vgl. Cierpka 2005: 242).

Zusammenfassend lässt sich auch bei FAUSTLOS eine positive Rückmeldung der Lehrkräfte verzeichnen. Die meisten sind mit den Ergebnissen zufrieden und erkennen eine positive

Veränderung der Kinder, die von FAUSTLOS profitieren. Näheres zur Auswertung und Kritik aller Programme soll das Fazit zeigen.

4. Fazit

Abschließend soll diese Arbeit noch einmal kritisch einen zusammenfassenden Blick auf die vorgestellten primärpräventiven Maßnahmen werfen. Wird der primärpräventive Charakter bei allen Programmen erfüllt? Ist die Arbeit mit diesen Programmen sinnvoll? Fallen die Einschätzungen der Beteiligten eher positiv oder eher negativ aus?

Das Ziel des Programms Opstapje soll es sein, die frühkindliche Entwicklung positiv zu beeinflussen und die Beziehung zwischen Kind und Eltern oder Elternteilen durch gemeinsame Aktivitäten zu stärken. Mit seinen Zielen erfüllt Opstapje unter anderem auch eine primäre Prävention von späterer Gewalt. Vorrangig geht es zwar um die Verhinderung von Entwicklungsverzögerungen, doch indem die Kinder, die davon profitieren, einen guten bis erfolgreichen Start ins Leben bekommen, wird vielen möglichen Ursachen von Aggressionen und einer Gewaltkarriere vorgebeugt. Sie erhalten frühkindliche Bildung, die vor einem Ausschluss aus der Gesellschaft bewahren kann und ihnen später den Schulstart erleichtern kann. Familien und auch Hausbesucherinnen des Programms haben viele positive Erfahrungen gesammelt. Die Eltern wünschen sich nach ihrer Teilnahme am Programm oft aber noch weitere Unterstützung, was in keinem Falle negativ auszulegen ist – das Programm fungiert einfach als ein „Türöffner". Demnach zu urteilen, erscheint die Arbeit mit diesem Programm also sinnvoll und zeigt gute Ergebnisse bei der Zielgruppe, wenn diese auch längerfristig betrachtet und beobachtet wird, was das entscheidendste Merkmal sein sollte. Auch beim Erarbeiten der Gesichtspunkte des Programms wurde deutlich, dass das Konzept von Opstapje den Kindern durchweg gute Chancen zu Teil werden lässt und so seiner primärpräventiven Aufgabe gerecht werden kann.

Das zweite Programm HIPPY, was wie auch Opstapje von IMPULS Deutschland Stiftung e. V. angeboten wird, setzt sich als Ziel, Kinder im Alter von 4 bis 7 Jahren kitaergänzend zu fördern. Nur geht es bei HIPPY vorrangig um die Förderung im Bereich der Vorschulbildung, d.h. Lesen, Vorlesen der Eltern und Arbeit mit den Geschichten, die vorgelesen werden. Es arbeitet genau wie Opstapje mit dem Konzept des Hausbesuchs und hat als Zielgruppe sozialschwache und Familien mit einem Migrationshintergrund. Auch in diesem Programm werden die Ziele bei einem Großteil der teilnehmenden Kinder und Eltern erreicht. Die

Eltern fühlen sich mit dem Programm im Rücken gut gerüstet, um ihren Kindern in den ersten Schuljahren zur Seite stehen zu können. Im Gegensatz zu anderen Elternbildungsangeboten, wie bereits erwähnt, haben Programme wie z. B. Opstapje und HIPPY den Vorteil, dass sie Eltern ansprechen und helfen, die sie auf herkömmlichem Wege vielleicht nicht erreicht hätten. Auch hier lässt sich erkennen, dass die Teilnahme durchaus Sinn macht und die Kinder durch die erworbene Bildung bessere Chancen auf eine Schullaufbahn auf gleicher Augenhöhe mit anderen Kindern haben und so wiederum einem Ausschluss und einer damit einhergehenden Aggressionsreaktion, die in Gewalt münden kann, enorm vorgebeugt werden kann. Zudem erlangen auch die Eltern Bildung und Erziehungskompetenzen, die maßgeblich beitragen können, mit Krisen angemessen umgehen zu können, ohne gewalttätiges Verhalten zu zeigen und/oder an die eigenen Kinder weiterzugeben.

Als drittes Programm wurde Papilio vorgestellt, dass sich, anders als die beiden ersten Maßnahmen, nicht auf die häusliche Umgebung der Familien fokussierte, sondern auf den Kindergartenbereich und dort erfolgreich einer späteren Sucht und Gewalt vorbeugt. Das gemeinsam mit der Augsburger Puppenkiste erarbeitete Konzept, die Sucht- und Gewaltprävention bei Kita-Kindern mit einer interaktiven fortwährenden Geschichte laufen zu lassen, zeigt sich als gute Entscheidung. Durch das konkrete Vorhaben und eine klare Struktur des Programms, das Erzieher, Kinder und Eltern einbezieht, kann die Prävention von Sucht und Gewalt der Zielgruppe gut nahe gebracht werden und gibt es dementsprechend auch positive Rückmeldungen der Beteiligten. Das Sozialverhalten, die Interaktion der Kinder untereinander und das Erkennen von sämtlichen Emotionen hat sich bei nahezu allen Kindern verbessert und bietet ihnen damit später die Möglichkeit, in einem guten sozial-emotionalen Austausch mit anderen zu stehen und nicht süchtig oder, was in diesem Fall entscheidend ist, gewalttätig oder anderweitig auffällig zu werden. Daraus lässt sich schließen, dass das Programm für eine Primärprävention von Gewalt gut geeignet ist und alle Beteiligten bereichert, allerdings die Rahmenbedingungen, wie bereits erwähnt, auf Dauer besser überprüft und angepasst werden müssen, um weiterhin gut und bessere Erfolge erzielen zu können.

Das FAUSTLOS Curriculum, dass sich anders, als seine drei Vorgänger dieser Arbeit, nicht mit der Gewaltprävention im Kindergartenalter, sondern in der Grundschule beschäftigt, erzielt ebenfalls das gesetzte Ziel: die Kinder lernen, Emotionen besser einzuschätzen und daraufhin besser auf sie zu reagieren. Das beugt Konfliktsituationen im Zwischenmenschlichen vor und gibt den Kindern gleichzeitig ein sicheres Gefühl im Umgang mit anderen. Der Fakt, dass sich FAUSTLOS in den vorgefertigten Lektionen für die Erst- bis Drittklässler auf eine Bearbeitung der Themen Empathie, Impulskontrolle und Umgang mit Ärger und Wut fokussiert, verspricht positive Ergebnisse. Denn, wie schon herausgestellt, sind sowohl eine fehlende Empathiefähigkeit also auch ein falsch erlernter Umgang mit negativen Gefühlen wie Ärger und Wut die größten Risikofaktoren bei der Entstehung von Aggressionen und Gewalt bei Kindern und Jugendlichen.

Literaturverzeichnis

Literatur:

Cierpka, Manfred (Hrsg.) (2005): Möglichkeiten der Gewaltprävention. Göttingen: Vandenhoeck & Ruprecht GmbH & Co. KG.

Giesen, H. (2002): Jugendalter. In: Deutscher Verein für öffentliche und private Fürsorge (Hrsg.) (2002): Fachlexikon der sozialen Arbeit. Frankfurt am Main: Verlag Soziale Theorie & Praxis.

Petermann, F. / Petermann, U. (2007): Training mit Jugendlichen: Aufbau von Arbeits- und Sozialverhalten (8. Auflage). Göttingen: Hogrefe.

Rupp, Ralf / Knoll, Ulrich (2007): Kinder unserer Zeit. Gewalt unter Kindern und Jugendlichen. Ursachen und Ansätze zur Prävention. Erlangen: Sardes Verlag Erlangen.

Sann, A. / Thrum, K. (2005): Opstapje – Schritt für Schritt. Abschlussbericht des Modellprojektes. München.

Schubert, Klaus / Klein, Martina: Das Politiklexikon. 6., aktualisierte und erweiterte Auflage. Bonn: Dietz 2016. Lizenzausgabe Bonn: Bundeszentrale für politische Bildung

Strauß, Sarah (2012): Peer Education & Gewaltprävention. Theorie und Praxis dargestellt am Projekt Schlag-fertig. Freiburg: Centaurus Verlag & Media KG.

Wahl, Klaus / Hees, Katja (2009): Täter oder Opfer?. Jugendgewalt – Ursachen und Prävention. München: reinhardt.

Wolter, Matthias (2014): Gewalt vermeiden. Vom Wissen zum Können!. Wie soziale Kompetenztrainings effektiv wirken. Marburg: Tectum Verlag.

Internetquellen:

Berufsverband der Früherzieherinnen und Früherzieher der deutschen, rätoromanischen und italienischen Schweiz (2013): Definitionen Prävention. Online im Internet unter: http://www.frueherziehung.ch/uploads/1/7/9/4/17948117/def__prvention_bvf-ag-03_10.pdf (30.05.2016)

Bundesministerium für Gesundheit (2016): Prävention. Online im Internet unter: http://www.bmg.bund.de/glossarbegriffe/p-q/praevention.html (27.05.2016)

Bundeszentrale für politische Bildung (o.J.): Gewalt. Online im Internet unter: http://www.bpb.de/nachschlagen/lexika/17566/gewalt (29.05.2016)

DUDEN (2016): Prävention. Online im Internet unter: http://www.duden.de/rechtschreibung/Praevention (27.05.2016)

Heidelberger Präventionszentrum (o. J.): Presse. Online im Internet unter: http://faustlos.de/elternschule/presse.asp?q=1&y=09&drucken=on (03.06.2016)

HIPPY Deutschland e. V. (2006): HIPPY – Frühe Förderung in der Familie. Online im Internet unter: http://www.kinderschutzbund-sh.de/tl_files/DKSB/Fachtage%20und%20Fortbildungen/Dokumentation/Dokumenta tion%20bis%202008/06.11.07+06%20-%20Fruehe%20Hilfen,%20Methoden/HIPPY.pdf (03.06.2016)

IMPULS Deutschland Stiftung e.V. (2016): DAS HIPPY PROGRAMM. Online im Internet unter: http://www.dksbthueringen.de/fileadmin/user_upload/pdf/14_5_HIPPY_IMPULS_U. Limberger.pdf (25.05.2016)

IMPULS Deutschland Stiftung e.V. (2016): Opstapje. Online im Internet unter: http://opstapje.de/opstapje.html (25.05.2016)

IMPULS Deutschland Stiftung e.V. (2016): Opstapje Baby. Online im Internet unter: http://opstapje.de/opstapje-baby.html (25.05.2016)

Kölner Stadt Anzeiger (2015): Jugendgewalt in Essen 14-Jähriger stundenlang von Gleichaltrigen misshandelt. Online im Internet unter: http://www.ksta.de/nrw/jugendgewalt-in-essen-14-jaehriger-stundenlang-von-gleichaltrigen-misshandelt-807758 (10.05.2016)

Nationales Zentrum Frühe Hilfen (2016): Prävention. Online im Internet unter: http://www.fruehehilfen.de/serviceangebote-des-nzfh/glossar/?tx_contagged%5Bsource%5D=default&tx_contagged%5Buid%5D=186& cHash=9b15361b886c20c68ace24551791414a (25.05.2016)

Opstapje – Schritt für Schritt (2015): OPS_Kozept2016. Online im Internet unter: http://www.opstapje.de/files/impuls/images/DEUTSCHLAND%20RUNDET%20AUF/O PS_Konzept%202016.pdf (03.06.2016)

Papilio (2014): Ein Programm für Kindergärten zur Vorbeugung gegen die Entwicklung von Sucht und Gewalt. Online im Internet unter: http://www.papilio.de/download/papilio-image.pdf (25.05.2016)

Papilio (o. J.): Ein Programm für Kindergärten zur Primärprävention von Verhaltensproblemen und zur Förderung sozial-emotionaler Kompetenz. Ein Beitrag zur Sucht- und Gewaltprävention. Modellprojekt in Kindertagesstätten aus Regionen mit besonderem Erneuerungsbedarf

Kurzfassung des Abschlussberichtes Online im Internet unter: http://www.gruene-liste-praevention.de/communities-that-care/Media/Zusammenfassung_Papilio-Projekt_NRW.pdf (03.06.2016)

Papilio (2016): Paula und die Kistenkobolde. Online im Internet unter: http://www.papilio.de/papilio_paula-kistenkobolde.php (03.06.2016)

Papilio (2016): Über 120.000 Kinder erreicht: Zahlen, Daten, Fakten zu Papilio. Online im Internet unter: http://www.papilio.de/papilio_zahlen-daten-fakten.php (03.06.2016)

SGB VIII Online Handbuch (2002, überpr. u. aktual. Mai 2015): Gewaltprävention. Online im Internet unter: http://sgbviii.de/S84.html (29.05.2016)

SuchtMagazin (2002): Präventionstheorie. Das weite Feld von Prävention und Gesundheitsförderung. Online im Internet unter: http://www.fen.ch/texte/mh_sm_02-1.htm (30.05.2016)

Uta Rasche (2013): Schritt für Schritt mit Katze, Schaf und Schwein. In F.A.Z. Ausgabe D2, D3, R0, R1 vom 18.02.2013, S. 4. Online im Internet unter: http://www.impuls-familienbildung.de/files/impuls/images/aaa_neue_Struktur/Dateien/3_Programme/Zeitungsbericht%20ueber%20Opstapje%20aus%20der%20F.A.Z.,%2018.02.2013,%20Politik%20(Politik),%20Seite4.pdf (31.05.2016)

VBG Ihr gesetzliche Unfallversicherung (o.J.): Die Stadien der Gewaltprävention. Online im Internet unter: https://www.vbg.de/wbt/gewaltpraevention/daten/html/412.htm (25.05.2016)